GROUPE D'ÉTUDES SOCIALES ORGANIQUES

DU HAVRE

ÉTUDE

SUR

La Situation — Ses Dangers — Preuves à l'appui

Indication sommaire du Remède

HAVRE

Imprimerie de Alphée BRINDEAU et Compagnie
Quai d'Orléans, 9.

1883

GROUPE D'ÉTUDES SOCIALES ORGANIQUES

DU HAVRE

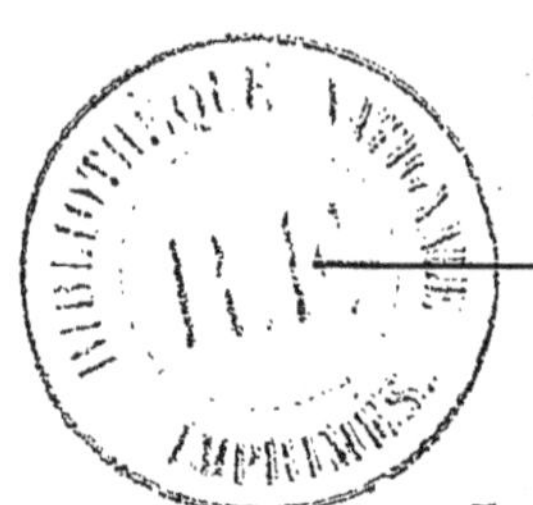

ÉTUDE

SUR

La Situation — Ses Dangers — Preuves à l'appui

Indication sommaire du Remède

HAVRE

Imprimerie de Alphée BRINDEAU et Compagnie
Quai d'Orléans, 9.

1883

AU LECTEUR :

Ceci est un opuscule de bonne foi.

Le lecteur attentif et sérieux auquel seul nous voulons avoir affaire, ne se repentira pas d'avoir consacré quelques instants à en prendre connaissance.

Nous ne sommes ni des empiriques, ni des utopistes. — N'oubliez pas, d'ailleurs, que l'utopie d'aujourd'hui est la réalité de demain.

Les théories que nous émettons, les principes que nous défendons, nous les avons étudiés à fond... La solution que nous proposons, nous l'avons longuement mûrie.

Que les hommes de bonne volonté mettent donc leur main dans la nôtre. — L'œuvre que nous entreprenons mérite, nous l'affirmons, toutes leurs sympathies.

GROUPE D'ÉTUDES SOCIALES ORGANIQUES

DU HAVRE

**La Situation. — Ses Dangers. — Preuves à l'appui. —
Indication sommaire du Remède.**

Sous ce titre, le Groupe d'Etudes sociales Organiques du
Havre se propose de condenser, en quelques pages, les faits,
accompagnés de documents sérieux, démontrant que la Société
actuelle court à l'abîme et de faire un chaleureux appel à tous
ceux dont la passion de l'or et le culte de l'égoïsme n'ont pas
encore fermé le cœur aux bons sentiments : à tous ceux qui
croient que le but final de l'homme est plus élevé que l'acqui-
sition de la fortune par tous les moyens, et que la satisfaction
de toutes les jouissances du corps.

Et, d'abord, qu'est donc ce « Groupe », qui vient ainsi jeter
le cri d'alarme ? D'où sort-il ? Quel est son but ?

Voici :

Le Groupe d'Etudes sociales Organiques Havrais est né de
la rencontre de plusieurs personnes, frappées des maux dont
gémit l'humanité et désireuses d'essayer d'y apporter un
remède. Mais, dans quel intérêt ? car, aujourd'hui, on trouve
difficilement un autre moteur aux actions des hommes ? Soyez
tranquilles, son intérêt existe, en effet, et il est immense ! Il
voudrait le bien-être pour tous. Vous comprendrez sans peine
que, dès lors, les membres qui le composent en auraient leur

part, sans compter la satisfaction morale d'avoir contribué à un aussi beau résultat. Et voilà tout ?... Mon Dieu ! oui, et c'est assez à leur avis.

Ceci dit, nous supplions les lecteurs de nous suivre avec bienveillance, dans la courte démonstration que nous voulons mettre sous leurs yeux, et qui ne constitue, d'ailleurs, qu'un rapide aperçu du système tout entier.

I.

Où allons-nous? Telle est la question troublante que se posent depuis longtemps bon nombre d'honnêtes gens et que la situation actuelle rend plus redoutable encore.

Une inquiétude générale s'empare de tous les esprits; l'homme se débat en vain contre les difficultés qui l'étreignent de toutes parts.

Un mal, que l'ignorance attribue à cent causes diverses, jette le désordre au sein des sociétés. Ce mal se développe dans tous les sens avec une effrayante rapidité, stérilisant tous les efforts, annihilant tous les dévouements, rendant inutiles tous les sacrifices et nul, jusqu'à ce jour, soit par égoïsme, soit par timidité, n'a voulu le dénoncer à haute voix. Nous aurons ce courage : ce mal affreux, cette plaie hideuse de l'humanité, c'est : **l'Individualisme !**

Oui la voilà cette gangrène terrestre, cette *pieuvre* sociale qui enlace de ses mille et une tentacules, hommes, institutions, capitaux, arts, sciences, commerce! Tous les nobles sentiments sont sacrifiés à ce principe faux, qui plonge le monde dans l'esclavage et les sociétés dans une barbarie raffinée dont le luxe ne peut dissimuler les horreurs. C'est bien lui le fauteur de tous les crimes, l'instigateur de toutes les turpitudes. Nous espérons vous le démontrer, et alors nous vous demanderons de clouer, de concert avec nous, ce monstre au pilori de l'humanité!

Que voyons-nous, en effet ? Matérialistes, libres-penseurs, positivistes à tous les degrés, polythéistes et déistes, sont descendus dans la lice ; tous ils cherchent, à cette heure, dans le chaos, hélas! trop réel où nous sommes, à s'approprier les avantages d'une situation qu'ils essaient de faire tourner à leur profit exclusif. Tous prêchent le dévouement et ils sont remplis d'égoïsme, d'orgueil et d'esprit de domination. Tous consentiraient volontiers à être collectivistes, communistes, etc., à la condition expresse de disposer de tous les biens à leur gré, en un mot, de commander en maîtres. Aucun d'eux (et il suffit de regarder autour de soi pour s'en convaincre) n'est capable de donner la preuve d'un amour réel pour ses frères, de se priver du moindre superflu pour satisfaire aux essentiels besoins des corps sociaux, auxquels cependant ils mendient leur puissance.

Peut-on donc, en conscience, donner le nom de société civilisée à une multitude d'hommes où l'antagonisme est érigé en vertu ; qui, formés en Nation, en Etat, ne se manifestent qu'à l'aide de lois, d'institutions égoïstes, de privilèges, permettant aux uns de vivre dans la richesse, dans le luxe, dans les plaisirs ; tandis que d'autres hommes, soumis à l'exploitation, accablés de travail et de misère, sacrifient, pour ne pas mourir de faim, leur intelligence et leurs forces afin de constituer la fortune des premiers !

Cette esquisse, vous le reconnaîtrez, n'est pas trop chargée. Nous n'insisterons pas en ce moment sur ce point, qui ne peut être contesté. Il sera, d'ailleurs, traité plus tard avec tous les développements qu'il comporte. Ce que nous voulons seulement aujourd'hui, c'est, nous le répétons, signaler la gravité du mal, afin de trouver des auxiliaires de bonne volonté qui nous aident à le faire disparaître.

Cependant quelques considérations complémentaires ne seront peut-être pas de trop pour montrer le vide et le faux de notre état social actuel.

L'*Individualisme* avec tout ce qu'il a de hideux est arrivé à l'apogée de sa puissance. Il a fait la preuve de ce qu'il pouvait et de ce qu'on doit en attendre.

Tradition, révélation, raison et révolution, vont alors impitoyablement se heurter, à cause de l'irréparable faute commise par ceux qui, usant d'arbitraire, se sont arrogé le droit de tout pervertir, d'user et d'abuser de toutes choses, de mépriser les lois morales, basées sur les lois de nature ; ces lois, dénommées divines, en ce qu'elles sont les seules justes et sages. Ce sont uniquement ces lois morales, d'ordre et de garantie générale, qui renferment le guide pratique de l'homme, de même qu'elles offrent le moyen par lequel peuples et nations peuvent trouver la sécurité, s'assurer le légitime bien-être et jouir d'une harmonie durable au sein des sociétés !... Mais, qui les observe ?...

En un mot, la vieille société théocratique croule de toutes parts. De nombreux médecins se sont présentés pour lui infuser une nouvelle vie, mais leurs efforts, demeurés stériles, démontrent qu'ils n'apportaient que des palliatifs, souvent inspirés par une pensée personnelle, au lieu du remède héroïque, radical, qui seul eût pu la sauver.

II.

Il y a longtemps déjà que les penseurs ont été frappés de ce funeste état de choses. Ce ne sera pas, nous le croyons, sortir de notre cadre, que de remettre sous les yeux de nos lecteurs, quelques pensées d'hommes éminents, dont la réputation est aujourd'hui consacrée. Nous ne prendrons, du reste, nos exemples, que dans les auteurs pour ainsi dire modernes, ne voulant pas donner à cette étude un trop grand développement :

« Attendre est sage, à la condition d'attendre quelque chose,
» mais attendre pour attendre, par pure insouciance ou par pure
» irrésolution, faute d'avoir assez de bon sens pour se décider,
» assez de courage pour se mettre à l'œuvre, attendre ainsi, c'est
» le pire de tous les partis et le plus certain de tous les dangers.

» DE BROGLIE. »
(A la Chambre des Pairs.)

« Une telle situation est sans exemple dans l'histoire : De
» quelque côté qu'on la considère, on ne voit que malheurs. Que
» résultera-t-il de tout cela ? Deux peuples (les exploiteurs et les
» exploités) sur un même sol, acharnés, irréconciliables, qui se
» chamailleront sans relâche et… *s'extermineront peut-être.*

» Bientôt la même fureur gagnera toute l'Europe. L'Europe ne
» formera plus que deux partis ennemis : On ne les divisera plus
» par peuples et par territoires, mais par couleur et par opinion.
» Et, qui peut dire les crises, la durée, les détails de tant d'orages !
» Car l'issue n'en saurait être douteuse, les lumières et les siècles
» ne rétrograderont pas. »

Et plus loin :

« L'Europe attend, sollicite *la fondation d'une nouvelle Société.*
» Le vieux système est à bout et le nouveau n'est point assis et
» ne le sera pas, sans de longues et furieuses convulsions encore. »

Qui a dit ces paroles prophétiques, qu'on croirait sorties de la bouche d'un révolutionnaire ?… Elles sont extraites du mémorial de Ste-Hélène… Plût au Ciel que son auteur les ait pensées et mises en pratique, alors que son insatiable ambition couvrait cette même Europe de ruines et de sang !

Mais continuons :

« Le genre humain, considéré depuis son origine, paraît, aux
» yeux d'un philosophe, un *tout* immense qui, lui-même, a, comme
» chaque individu, son enfance et ses progrès...

» Le soulagement des hommes qui souffrent est l'affaire de
» tous.

» Turgot. »

« Il faut, de toute nécessité, qu'un homme vive de son travail.

» Adam Smith. »

L'auteur Sismondi, après avoir signalé la situation faite à
l'ouvrier, par l'abolition des corporations, par la concurrence
et par la concentration des capitaux, formule ces critiques :

« Nos yeux se sont tellement faits à cette organisation nouvelle
» de la Société, à cette concurrence universelle, qui dégénère en
» hostilité entre la classe riche et la classe travaillante, que nous
» ne concevons plus aucun autre mode d'existence, même ceux
» dont les débris nous entourent de toutes parts. Nous avons vu
» que plus un pays faisait de progrès vers l'activité industrielle et
» commerciale et vers l'accumulation des richesses, plus on
» voyait se multiplier le nombre des hommes qui n'ont aucune
» part à ces richesses, aucune garantie de leur existence, aucun
» passé, aucun avenir. Nous avons vu comment, par le progrès
» même de la richesse, une profession après l'autre, une condi-
» tion après l'autre, sont déracinées du sol où elles étaient autre-
» fois fixées, et précipitées dans la tourbe des prolétaires, d'où un
» nouvel échec les fait ensuite tomber dans le paupérisme ou
» dans cet état d'indigence auquel la Société est tenue de porter
» assistance et qu'elle se déclare, cependant, incapable de sou-
» lager.

» Nous voyons la tendance universelle de la richesse à séparer
» l'action des capitaux de celle des bras. Nous voyons que, dans
» chaque profession, dans chaque métier, ce que l'on nomme pro-
» grès c'est la réunion en un seul centre d'un immense capital,
» avec toute l'assistance que peut donner à la volonté dirigeante
» l'emploi de la science et d'une haute intelligence ; c'est, d'autre
» part, la subordination de la force physique de plusieurs milliers
» de bras qui travaillent à obéir à cette volonté dirigeante, qui se
» charge, seule, de penser, de combiner et de payer. Ou, plus
» brièvement, nous voyons que le progrès recommandé par la
» chrématistique, c'est l'affermissement de l'aristocratie de l'ar-
» gent et la création des prolétaires.

» Sismondi. »

« L'organisation sociale de l'Europe moderne a eu pour point
» de départ la distribution d'une propriété qui était le résultat,
» non d'une juste répartition, ou d'acquisitions faites à l'aide de
» l'industrie, mais de la conquête et de la violence. Le but du pro-
» grès n'est pas seulement de mettre les êtres humains dans une
» situation où ils puissent se passer les uns des autres, mais de
» leur permettre de travailler seuls ou ensemble, avec des rap-
» ports qui ne soient pas des rapports de dépendance.

» Stuart Mill. »

« Les êtres organisés placés au-dessous de l'homme, ont leurs
» lois en eux-mêmes. Elles sont définitives et complètes dès l'ori-
» gine. Il en est tout autrement pour l'homme, à qui sa loi de per-
» fectibilité impose le poids de ses hautes destinées. Chez lui, cette
» loi est interne. Il ne la développe qu'au prix des plus grands
» efforts et souvent des plus grandes souffrances ; il est, par sa
» nature, contraint de chercher ses moyens de progrès, et quand
» l'élite qui le guide a trouvé la loi qu'il doit suivre, à telle ou
» telle époque de sa vie collective, quand cette élite a réuni un
» nombre suffisant d'adhérents, l'homme doit encore lutter, plus
» ou moins longtemps, pour tourner ou vaincre les obstacles
» qu'oppose souvent le passé à l'avenir.

» CARREY. »

Nous terminerons par les avertissements suivants, adressés
aux classes dirigeantes, par l'économiste Bastiat, et donnés,
jusqu'à ce jour, en pure perte :

« L'effroi dont les classes supérieures sont saisies n'est-il pas
» un châtiment mérité ? Ont-elles jamais manqué d'assurer quelque
» privilège, grand ou petit, aux fabriques, aux mines, à la pro-
» priété foncière, aux arts, aux finances... à tout, excepté au
» travail du peuple, au travail manuel ? Ont-elles fait disparaître
» une seule des inégalités de l'impôt ? N'ont-elles pas longtemps
» exploité jusqu'au privilège électoral ?

» Cependant, une grande révolution s'est accomplie. La puis-
» sance politique, la faculté de faire les lois, la disposition de la
» force ont passé virtuellement, sinon de fait encore, aux mains
» du peuple, avec le suffrage universel.

» Ainsi, ce peuple, qui pose le problème, sera appelé à le ré-
» soudre et malheur au pays si, *suivant l'exemple qui lui a été
» donné, il cherche la solution dans le privilège !*

» Pourquoi donc ne sort-il rien de nos Assemblées législatives ?
» **Parce qu'elles ignorent !...** Pourquoi ces législateurs n'ap-
» pliquent-ils pas la loi à faire régner la justice ? **Ils n'ont pas
» confiance en elle !...** »

Après ces admonestations à la bourgeoisie, l'illustre auteur
des « HARMONIES ÉCONOMIQUES » se sent pris d'un vague sen-
timent de tristesse sur l'inutilité de ses conseils ; il reconnaît
que l'homme, ayant accepté le salariat par besoin de stabilité,
cette forme des transactions humaines contient encore quelque
chose de trop aléatoire et il émet cette déclaration importante :

« Les ouvriers ne vont pas jusqu'à se prétendre dépouillés de
» la liberté ; mais ils affirment que cette liberté est purement
» nominale et même dérisoire, parce que celui dont la nécessité
» force les déterminations n'est pas réellement libre. — Reste
» donc à savoir si le défaut de liberté ainsi entendue ne tient pas
» plutôt à la situation de l'ouvrier qu'au mode selon lequel il est
» rémunéré.

» Les classes laborieuses s'étant élevées jusqu'au salariat ne se
» sont pas arrêtées dans leurs efforts pour la stabilité. Sans doute
» le salaire arrive à la fin du jour occupé ; mais quand les cir-

» constances, les crises industrielles ou simplement les maladies
» ont forcé les bras de chômer, le salaire chôme aussi, et alors
» l'ouvrier devra-t-il soumettre au chômage son alimentation,
» celle de sa femme et de ses enfants ?

» Il faut bien nous dire que cette pensée tourmente tous les jours,
» toutes les nuits et à toute heure, l'imagination épouvantée d'un
» grand nombre de nos frères ; et quand un problème se pose dans
» de telles conditions devant l'humanité, soyons-en bien assurés,
» c'est qu'il n'est pas insoluble.

» L'humanité n'a pas dit son dernier mot : tout au contraire,
» la science démontre que *la Société est dans l'enfance*.....

» Bastiat. »

Nous ne ferons qu'une réflexion : c'est que ces lignes, qu'on
croirait d'hier, ont été écrites il y a 35 ans et que, depuis cette
époque, la création des monopoles, les opérations financières
colossales, les progrès industriels et commerciaux n'ont pas
cessé de s'accroître et tendent à s'accroître encore. Une seule
chose est restée la même : la situation précaire de l'ouvrier.

III.

Lorsque d'aussi importantes citations, que nous pourrions,
d'ailleurs, multiplier à l'infini, émanant de penseurs, de phi-
losophes, d'économistes, d'hommes d'Etat dont la valeur ne
saurait être contestée, auront passé sous les yeux de nos
lecteurs, nous leur demanderons s'ils n'ont pas lieu d'être
surpris, terrifiés, de l'apathie des mandataires du peuple et
des gouvernants chargés de la direction du pays. En présence
de leur attitude insouciante, et de leurs sentiments conserva-
teurs pour un ordre de choses contraire aux aspirations et aux
besoins des majorités, ne sommes-nous pas en droit de nous
inquiéter sur ce qu'ils attendent !

Est-ce par des révolutions ou par des guerres nouvelles
qu'ils prétendent résoudre le problème de l'avenir ?...

Ici nous entrons dans le vif de la question et nous supplie-
rons nos lecteurs de nous suivre encore quelques instants.
Nous essaierons de leur expliquer aussi brièvement que
possible les idées que nous nous sommes formés sur la solution
qui doit intervenir.

Et d'abord qu'il soit bien convenu, une fois pour toutes,
que nous n'entendons pas imposer notre manière de voir. Ce
que nous voulons avant tout, c'est jeter quelques clartés sur

les ténèbres profondes et entretenues avec soin qui enveloppent la question sociale et affirmer, en face de notre société française, que le système de l'Individualisme est ce qu'il y a de plus nuisible aux collectivités et surtout de plus arbitraire envers les travailleurs. Nous venons vous mettre en garde contre l'association, telle qu'elle est comprise par les Chambres syndicales et par les Congrès, car leurs théories, appliquées dans la pratique, conduiraient à la constitution d'un quatrième Etat, et contribueraient au développement du prolétariat, au lieu d'en restreindre le cercle ; elles seraient la ruine de la plus grande partie de la Société. Ces doctrines seraient donc funestes au travailleur et profiteraient seulement aux capitalistes, aux exploiteurs, aux grands possesseurs anciens et nouveaux.

Une société organique ne peut exister que par la solidarité de ses membres, que par l'union intime de leurs intérêts, que dans une complète communauté de vues, de pensée et d'action.

Mais comment réaliser cette conception harmonique ?

IV.

Le problème se pose, en somme, sous une forme assez simple et que nous traduirons ainsi :

Oui ou non, l'homme, quel qu'il soit, a-t-il le droit à la vie ?...

Poser la question, c'est la résoudre.

Dès lors, en quoi consistent les conditions qui, d'une société marâtre envers la plus grande partie de ses membres, formeront une association rationnelle où chacun, armé de ses droits, sera néanmoins tenu de remplir ses devoirs envers son co-sociétaire ?

Nous prévenons le lecteur que, dans les pages suivantes, il ne trouvera rien qu'il ne faille acquérir soi-même par un travail persévérant et surtout par un grand et sincère amour de la solidarité. Ce n'est donc pas un remède empirique que nous proposons, c'est un appel sérieux à tous les caractères virils ; nous les convions à nous suivre dans cette voie, peut-être pénible au début ; mais, nous en sommes convaincus. elle réserve à ceux qui y entreront de précieuses compensations.

Ces avertissements préliminaires ont pour but de mettre en garde ceux qui ne se sentiraient pas la force nécessaire. Ce ne sont pas des protestations, des adhésions passives qu'il nous faut, mais des concours actifs, dévoués et infatigables. Nous nous hâtons d'ajouter que ces concours ne seront jamais aveugles, car puisque nous croyons avoir rencontré une solution satisfaisante à la situation absolument troublée où nous sommes, nous prenons l'engagement de donner, à chacun, tous les éclaircissements nécessaires.

Pour aujourd'hui, nous nous contenterons, afin de rester dans la limite que nous nous sommes tracée, d'indiquer les points principaux sur lesquels doit porter la réforme radicale que nous ambitionnons.— Qu'il soit bien entendu, que nous sommes prêts, dès maintenant, à développer aussi largement que possible, chacun des principes que nous allons émettre.

Etant admis le *droit* de chacun à l'existence assurée, quelles doivent être les conditions matérielles et morales de cette existence ?

Quelles sont les institutions politiques, sociales et économiques qui donneront à chacun le moyen de produire le *summum* des forces et de développer les facultés dont il dispose à son entrée dans la vie et, par conséquent, de contribuer à l'accroissement du bien-être général et particulier ?

Nous allons, pour nous faire mieux comprendre, dire l'état dans lequel nous désirerions voir la France, notre Patrie bien-aimée, ce que nous rêvons pour elle. Et, si nous la choisissons comme le but ou l'idéal de nos préférences, c'est aussi, faut-il le dire ? parce que c'est surtout chez elle que se sont semées et qu'ont germé toutes les idées généreuses. C'est sur elle que nous comptons surtout pour voir fructifier une philosophie dont l'alpha et l'oméga peuvent se résumer ainsi : Amour et Solidarité.

Un fait indéniable, c'est que les lois et les institutions qui régissent actuellement la société française n'ayant pas atteint le but que s'était proposé notre immortelle révolution : l'affranchissement de notre race nationale, et, par conséquent, n'ayant pas progressé dans la même proportion que les sciences exactes, les arts et l'activité servis par de nouveaux organes, ces lois et ces institutions finissent par produire l'effet diamétralement opposé à celui qu'elles ambitionnaient. Elles sont, en effet, totalement contraires aux principes moraux qui jadis ont servi de base constitutive au peuple français et lui ont permis de se former en nation ; donc elles entravent maintenant sous toutes les formes la marche pacifique de la civilisation, en maintenant la société dans un état permanent de révolution.

Nous avons, nous, pour devoir d'affirmer que, dans une Société organique, la réalisation d'un progrès dans les sciences et dans les arts, exige un progrès équivalent dans les mœurs et, partant, dans les institutions qui régissent la Société. C'est ce point capital qui n'a pas été aperçu par nos gouvernements ; c'est aussi la cause de l'impasse dans laquelle nous sommes aujourd'hui enfermés.

Nos lois sont donc mauvaises ; ou, plus exactement, comme elles ne sont pas en rapport avec le milieu dans lequel on les applique, elles sont contraires à la sécurité publique et au bien-être général. Et c'est si vrai, que nous ne sommes pas plus avancés, nous, les fils orgueilleux du XIXe siècle, en morale, en justice distributive et en équité, que ne l'étaient les peuples païens. Seulement, nous avons contracté un plus grand nombre de besoins, souvent factices, que nous trouvons chaque jour plus de peine à satisfaire. Et combien de nos frères, deshérités de la fortune, ne connaissent cette vie à outrance que par les charges énormes et les souffrances qu'elle leur impose ?

Pour que l'homme, quel qu'il soit, occupe sa véritable place, pour qu'il soit apprécié à sa juste valeur, il faut qu'il puisse se livrer librement au développement de ses facultés et de ses aptitudes.

La Société ne peut prouver à chacun de ses membres sa reconnaissance qu'en raison du bien et des services qu'elle en a reçus.

Pour que le sol produise d'une manière avantageuse pour tous, il faut qu'il soit utilisé selon que l'intérêt général l'exige et non d'après les vues fantaisistes ou arbitraires de chaque individu.

Serions-nous donc des « *partageux* » ? N'en croyez rien. Nous sommes simplement des gens honnêtes, croyant que les moyens d'existence appartiennent à chacun, dans la mesure de son intelligence, de sa capacité et de ses forces ; nous sommes des citoyens libres, déniant intrépidement à qui que ce soit le droit de détenir entre ses mains, sans le mettre en valeur, une partie du fonds social, qui compose, en définitive, le patrimoine de tous. Nous sommes des économes de l'avoir général.

Nous voudrions donc que la propriété terrienne fût communale : C'est-à-dire que le sol de la France, divisé en circonscriptions, soit cultivé avec le concours, les soins, la vigilance et l'activité des membres communaux, selon des formes organiques et solidaires, que nous déterminerons ultérieurement. A ces travaux agricoles, seraient adjointes les œuvres industrielles et commerciales, exploitées par ceux des citoyens que leurs aptitudes entraîneraient dans cette voie, et qui s'alimenteraient à l'aide des produits obtenus par la collectivité. Nous voulons un équilibre juste et sage dans la production et la répartition. Nous voulons la *commune détentrice et gardienne des intérêts généraux.*

Chacun, du reste, aurait sa part du travail accompli ; la mendicité, l'aumône et le prolétariat disparaîtraient, car nul n'aurait le droit de s'arroger un bénéfice supérieur à celui qui lui serait légitimement dû. L'antagonisme et, dès lors, les haines cruelles entre citoyens de la même patrie disparaîtraient, car la source en serait tarie. Le bien-être et l'harmonie règneraient sans partage, car on aurait cessé de s'exploiter les uns les autres.

Craindrait-on, par cette organisation, de tuer l'initiative privée, d'enrayer le progrès, qui, dit-on, ont pour stimulants la fortune et la gloire ?

Au contraire, répondrons-nous. Car par l'éducation et l'instruction primordiales données à tous les membres de la *communauté*, toutes les facultés trouveraient leur essor. Dans notre système, les découvertes auraient la plus grande facilité pour se produire. Tous les moyens d'investigation seraient mis à la disposition de l'inventeur, du producteur et du consommateur, sans que personne puisse redouter un concurrent jaloux ou un exploiteur spéculant sans pudeur sur la misère. Il est vrai que l'invention devrait, tout d'abord, profiter à tous ; mais l'homme de mérite serait récompensé matériellement, par l'attribution de la part qui lui serait allouée, et, moralement, par la notoriété acquise à son nom, sans contestation possible.

La concurrence désastreuse que se font les nations deviendrait impossible. Un sage règlement devrait, tout d'abord, interdire cette production forcenée, qui emplit, sans autre but que la spéculation, d'immenses entrepôts, d'énormes quantités de marchandises, fabriquées sans besoin sérieux (ce qui entraîne plus tard des chômages forcés, et, par suite, des misères effrayantes), toutes les denrées de première nécessité étant conservées au grand détriment de la masse peu fortunée, obligée plus tard de les payer, quoique détériorées, bien audessus de leur valeur réelle. Une meilleure répartition des heures de travail, permettrait à tous de donner aux besoins intellectuels, les moments nécessaires pour se maintenir au courant de l'actualité, se rendre compte de sa situation particulière, traiter les affaires communes.

Des lois, de la plus grande simplicité, indiqueraient à chacun les limites qu'il ne doit pas dépasser. Elles formeraient le premier fondement de l'éducation des enfants, que la communauté se chargerait d'instruire et à qui elle procurerait l'occupation pour laquelle chacun se montrerait le mieux disposé.

En très peu de temps, nous en avons la profonde conviction, la Société se trouverait absolument transformée par ce système qui, en somme, est très facile à réaliser.

Que faut-il pour cela ? Il faut que les hommes de bonne volonté se réunissent, s'entendent, se soutiennent ; il faut que tous ceux, et ils sont nombreux, qui pensent que nous suivons une route funeste, que nous marchons à grands pas vers de nouveaux et terribles bouleversements, prennent la résolution d'enrayer le mal, et d'aider avec courage et surtout avec amour, au sauvetage de l'humanité.

Et, ce que nous aurions fait pour la France, ne tarderait pas, soyez-en sûrs, à être imité par les autres peuples. Un exemple venu de là se répandrait vite ailleurs. Dès lors, plus de guerres fratricides, plus d'ambitions malsaines, plus de haines mettant aux prises des hommes faits pour s'aimer et s'estimer.....

Tel est, à grand traits, le tableau que présenterait l'humanité ; telles sont les solutions que nous proposons aux méditations de nos lecteurs. L'esquisse en est rapide et peu complète; mais si nous réussissons à entraîner un certain nombre de gens de bonne volonté aussi intéressés que nous à l'étude de ce système, si nous savons pouvoir compter sur des sympathies et aussi sur quelques *dévouements*, nous donnerons à cette question primordiale entre toutes, les développements qu'elle comporte. — Dans des publications ultérieures, nous étudierons toutes les faces du problème, en traitant séparément et à fond les questions si complexes qu'il renferme.

Nous n'avons pas besoin d'ajouter qu'il n'y a rien d'absolu dans notre manière de voir. Nous recevrons donc avec reconnaissance toute communication, critiques ou aperçus nouveaux, qu'on voudrait bien nous adresser. Nous ne prétendons pas marcher seuls vers ce but si désirable : « l'Harmonie universelle » et l'imposer à tous d'après nos vues. Nous désirons ardemment, au contraire, y faire participer le plus grand nombre; nous appelons donc de tous nos vœux les collaborateurs, de quelque côté qu'ils viennent, ne leur demandant que deux choses : Aimer l'humanité et essayer de lui frayer le plus tôt possible les destinées auxquelles nous la croyons appelée.

L'heure est *grave* ; il s'agit de la lutte pour l'existence : **Etre ou ne pas être !** voilà le dilemne. Aux bourgeois nous dirons : C'est votre avenir même qui est en jeu, si vous ne consentez pas dès maintenant au sacrifice de vos ambitions injustes, vous risquez de perdre vos biens et votre vie dans une tourmente dont on ne peut prévoir ni l'intensité ni la durée. Aidez-nous à faire l'économie d'une révolution que nous pressentons imminente. Aidez-nous à éviter ce recul de l'humanité, dont les conséquences seraient déplorables. Consultez vos véritables intérêts, ne fermez pas davantage les yeux à la vérité. Ne soyez plus des *individualistes*, mais devenez des citoyens du monde. Acceptez les devoirs que votre situation d'habitant de la terre, votre rang et votre instruction vous imposent. La position que vous occupez aujourd'hui encore vous permettra d'accomplir beaucoup de bien si vous voulez vous mettre à la tâche sans arrière-pensée. Mais rappelez-vous cet avertissement, c'est que si vous continuez à faire comme l'autruche, c'est-à-dire à vous cacher la tête pour ne point voir et ne point entendre, le réveil pourra être terrible.

Aux ouvriers, aux prolétaires, nous demanderons le calme et la patience à l'aide desquels seulement on fait de grandes choses : jusqu'à présent on ne leur a guère parlé que de leurs droits, nous ne cesserons de leur rappeler leurs devoirs. Nous leur montrerons l'avenir prochain qui les attend ; mais nous leur dirons aussi qu'on ne fonde rien par la violence ; que les meilleures institutions sociales sont celles où règne le respect des lois et des libertés de chacun.

... Que s'il faut beaucoup d'*habileté* pour devenir un *politicien*, il suffit d'un peu de capacité et de bon vouloir pour faire un administrateur.

A ces enseignements nous joindrons l'exemple aussitôt que nous le pourrons, c'est-à-dire aussitôt que nous serons en nombre suffisant pour mettre nos théories en pratique. Et cet exemple sera fécond, car l'expérience sera entourée de toutes les garanties désirables, reposant sur la meilleure justice distributive, l'honneur, l'union, la solidarité et l'amour !

N'est-il pas déplorable, lorsque nous consultons l'histoire universelle, ce thermomètre de la sagesse humaine, d'être amenés à constater que le progrès qui devrait se produire aux acclamations joyeuses de tous et se constater par un enthousiasme plein de reconnaissance et d'amour réciproques, s'est toujours accompli par la douleur et au milieu d'un deuil général ? Il semble que ce qui est, pour l'avenir, une immense conquête, une bénédiction d'en haut, soit encore, pour le présent, une cruelle expiation des fautes passées.....

Où sont donc les *hommes*, méritant de porter ce titre, les hommes assez vertueux, assez austères, dont la grandeur d'âme et les nobles facultés, planant au-dessus des égoïsmes humains, s'attacheront à replacer l'humanité dans la voie du vrai progrès, du légitime bien-être, de la réelle civilisation ?

Qu'ils apparaissent donc ! !...

Il va sans dire qu'en faisant appel aux *hommes*, nous convions surtout toute *femme* qui a un grand et sincère amour de l'humanité, à étudier avec nous ces importantes questions qui ont pour but la rénovation de l'espèce humaine. Le rôle de la Femme dans la famille et dans la société occupe une trop large place pour que nous négligions de l'inviter de toutes nos forces à prendre une part active dans nos travaux.

Du reste, l'intérêt de la femme l'exige. Elle le comprendra.

Un dernier mot. Vous ne trouverez pas de noms à la fin de cet opuscule : Ce n'est pas que nous craignions de nous montrer au grand jour, car nous poursuivons la réalisation d'un but honnête par des moyens honnêtes ; mais nous avons résolu de mettre en commun nos efforts, nos vues, nos tendances, sans chercher dans ce travail aucune autre satisfaction personnelle que le bien de tous. — Cependant, pour éviter qu'en gardant l'anonyme, nous inspirions quelque défiance ou qu'on nous prête des arrière-pensées. M. Prud'homme, rue de Phalsbourg, 52 (au Havre), a consenti à recevoir les communications qu'on voudra bien nous adresser et à nous les transmettre.

Sursum corda !